Schneeweißchen und Rosenrot

Ein Märchen der Brüder Grimm
Mit Bildern von Beate Mizdalski

COPPENRATH

Einst lebte eine arme Witwe in einem Häuschen und in ihrem Garten standen zwei Rosenbäume, davon trug der eine weiße, der andere rote Rosen. Und sie hatte zwei Kinder, die glichen den beiden Rosenbäumchen: Das eine hieß Schneeweißchen und das andere Rosenrot. Rosenrot sprang gern in den Wiesen und Feldern umher, suchte Blumen und fing Sommervögel. Schneeweißchen aber saß lieber daheim bei der Mutter, half ihr im Haushalt oder las ihr vor. Und die beiden Kinder hatten einander so lieb, dass sie sich niemals trennen wollten.

Eines Abends klopfte jemand an die Türe, als wollte er
eingelassen werden. Die Mutter sprach: „Geschwind,
Rosenrot, mach auf, es wird ein Wanderer sein, der
Obdach sucht." Doch als Rosenrot öffnete, war da kein
armer Mann, sondern ein Bär, der seinen dicken zotteligen
Kopf zur Tür hineinstreckte. Rosenrot schrie laut auf und
sprang zurück und Schneeweißchen versteckte sich hinter
der Mutter Bett. Der Bär aber fing an zu sprechen und
sagte: „Fürchtet euch nicht, ich tue euch nichts zuleide.
Ich will mich nur ein wenig bei euch wärmen."

„Du armer Bär", sprach die Mutter, „leg dich ans Feuer und gib Acht, dass dein Pelz nicht brennt." Da kamen auch die Mädchen heran und der Bär sprach: „Ihr Kinder, klopft mir den Schnee aus dem Pelz." So holten sie den Besen und kehrten dem Bären das Fell. Er aber streckte sich am Feuer und brummte behaglich.

Nicht lange, so wurden sie ganz vertraut mit dem fremden Gast. Sie zausten ihm das Fell, setzten ihre Füßchen auf seinen Rücken und wiegten ihn hin und her und wenn er brummte, so lachten sie. Der Bär ließ sich's aber gerne gefallen, nur wenn sie's gar zu arg trieben, rief er: „Lasst mich am Leben, ihr Kinder!"

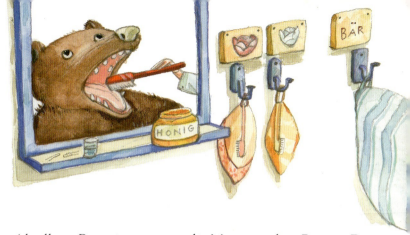

Als alle zu Bett gingen, sagte die Mutter zu dem Bären: „Du kannst am Herde liegen bleiben, so bist du vor Kälte und Wetter geschützt." Sobald der Tag graute, ließen ihn die Kinder hinaus und er trabte in den Wald.

Von nun an kam der Bär jeden Abend zu ihnen, legte sich an den Herd und erlaubte den Mädchen mit ihm Unfug zu treiben. Und sie waren so gewöhnt an ihn, dass die Türe nicht eher verriegelt ward, als bis der Bär angelangt war.

Als das Frühjahr herangekommen war, sagte der Bär zu Schneeweißchen: „Nun muss ich fort und darf den ganzen Sommer nicht wiederkommen."

„Wo gehst du denn hin, lieber Bär?", fragte sie.

„Ich muss meine Schätze vor den bösen Zwergen hüten. Im Winter, wenn die Erde hart gefroren ist, müssen sie wohl unten bleiben, aber wenn die Sonne die Erde erwärmt hat, da brechen sie durch, steigen herauf, suchen und stehlen. Was einmal in ihren Höhlen liegt, das kommt so leicht nicht wieder ans Tageslicht."

Schneeweißchen war ganz traurig über den Abschied. Als der Bär aus der Tür eilte, blieb er am Türgriff hängen und ein Stück seiner Haut riss auf. Da war es dem Mädchen, als hätte es Gold durchschimmern sehen. Der Bär aber lief eilig fort und war bald hinter den Bäumen verschwunden.

Eines Tages schickte die Mutter die Kinder in den Wald,
Reisig zu sammeln. Da fanden sie an einem großen Baum,
der gefällt am Boden lag, einen Zwerg mit einem ellenlangen

schneeweißen Bart. Das Ende des Bartes war in einer
Spalte des Baumes eingeklemmt und der Zwerg sprang hin
und her und wusste sich nicht zu helfen. Er glotzte die
Mädchen mit feurigen Augen an und schrie: „Steht nicht
so nutzlos herum und helft mir!"

„Was hast du angestellt, kleines Männchen?", fragte
Rosenrot.

„Dumme neugierige Gans", antwortete der Zwerg, „den
Baum wollte ich spalten, um ein kleines Holz für die Küche
zu haben. Plötzlich war mein Bart eingeklemmt und ich
kann ihn nicht mehr herausziehen. Da lachen die albernen
Milchgesichter! Pfui, was seid ihr garstig!"

Die Mädchen gaben sich alle Mühe, aber sie konnten den Bart nicht befreien. „Ich hole Hilfe", sagte Rosenrot. „Wahnsinnige Schafsköpfe!", schnarrte da der Zwerg. „Wer wird gleich Leute herbeirufen? Ihr seid mir schon zwei zu viel. Fällt euch nichts Besseres ein?"

„Sei nicht ungeduldig", meinte Schneeweißchen, „ich will schon Rat schaffen", holte eine Schere hervor und schnitt das Ende des Bartes ab. Sobald der Zwerg frei war, griff er nach einem Sack voll Gold, der zwischen den Wurzeln des Baumes steckte, und meckerte vor sich hin: „Ungehobeltes Volk, schneidet mir ein Stück von meinem stolzen Bart ab! Lohn's euch der Kuckuck!" Und er ging fort, ohne die Kinder noch einmal anzusehen.

Einige Zeit danach wollten Schneeweißchen und Rosenrot angeln gehen. Als sie nahe bei dem Bach waren, sahen sie, dass etwas wie eine Heuschrecke zum Wasser hüpfte, als wollte es hineinspringen. Sie liefen heran und erkannten den Zwerg. „Willst du etwa ins Wasser?", fragte Rosenrot. „Solch ein Narr bin ich nicht!", schrie der Zwerg. „Seht ihr nicht, der verwünschte Fisch will mich hineinziehen!"
Er hatte am Ufer geangelt, da hatte der Wind auf einmal seinen Bart mit der Angelschnur verflochten. Als gleich darauf ein großer Fisch anbiss, fehlten dem Kerl die Kräfte

und der Fisch zog ihn zu sich ins Wasser. Zwar hielt der Zwerg sich an allen Halmen und Binsen, aber das half nicht viel und er war in beständiger Gefahr, ins Wasser gezogen zu werden.

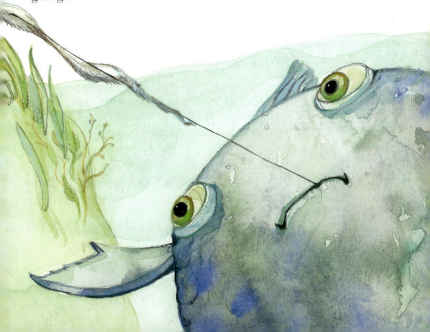

Die Mädchen hielten ihn fest und versuchten den Bart loszumachen, aber vergebens, Bart und Schnur waren eng ineinander verwoben. Es blieb ihnen nichts anderes übrig: Sie nahmen die Schere und schnitten wieder ein Stück vom Bart ab.

Als der Zwerg das sah, schrie er: „Ist das Manier, einem das Gesicht zu schänden? Nicht genug, dass ihr mir den Bart unten gestutzt habt, jetzt schneidet ihr mir auch noch den besten Teil davon ab!" Dann holte er einen Sack Perlen, der im Schilfe lag, und ohne ein Wort weiter zu sagen, ging er fort.

Es trug sich zu, dass die Mädchen bald darauf zum Markt gingen, Zwirn, Nadeln und Bänder zu kaufen. Der Weg führte sie über eine Heide. Da sahen sie einen Adler, der langsam über ihnen kreiste und plötzlich bei einem Felsen niederstieß. Gleich darauf hörten sie einen jämmerlichen Schrei. Sie liefen herbei und sahen mit Schrecken, dass der Adler ihren alten Bekannten, den Zwerg, gepackt hatte und forttragen wollte. Voller Mitleid hielten sie gleich das Männchen fest und zerrten so lange, bis der Adler seine Beute losließ. Als der Zwerg sich von dem Schrecken erholt hatte, kreischte er: „Konntet ihr nicht vorsichtiger sein? Mein dünnes Röckchen ist zerfetzt und durchlöchert, ihr unbeholfenes und täppisches Gesindel!" Dann nahm er einen Sack mit Edelsteinen und schlüpfte in eine Höhle. Die Mädchen aber waren seinen Undank schon gewohnt und setzten ihren Weg fort.

Auf dem Heimweg kamen sie wieder an der Heide vorbei und überraschten den Zwerg, der seinen Sack mit Edelsteinen ausgeschüttet hatte. Die Abendsonne schien über die Steine und sie schimmerten so prächtig in allen Farben, dass die Mädchen stehen blieben und sie bestaunten. „Was steht ihr da und haltet Maulaffen feil!", schrie der Zwerg und sein Gesicht war zinnoberrot vor Zorn.

Er wollte gerade weiterschimpfen, als ein lautes Brummen zu hören war und ein schwarzer Bär aus dem Wald stapfte.

Erschrocken sprang der Zwerg auf, aber er konnte nicht mehr in seinen Schlupfwinkel gelangen. Da rief er voller Angst: „Lieber Herr Bär, verschont mich, ich will euch auch all meine Schätze geben. Was habt Ihr an mir kleinem, schmächtigem Kerl? Ihr spürt mich nicht einmal zwischen den Zähnen. Da, die beiden gottlosen Mädchen, das sind zarte Bissen, die fresst in Gottes Namen."

Der Bär kümmerte sich nicht um seine Worte, gab dem boshaften Geschöpf einen einzigen Schlag mit der Tatze und es regte sich nicht mehr.

Die Mädchen waren fortgesprungen, aber der Bär rief: „Schneeweißchen und Rosenrot, fürchtet euch nicht!" Da erkannten sie seine Stimme und blieben stehen. Und als der Bär bei ihnen war, fiel plötzlich die Bärenhaut ab und ein schöner Mann, ganz in Gold gekleidet, stand vor ihnen. „Ich bin ein Königssohn", sprach er, „und war von dem bösen Zwerg, der mir meine Schätze gestohlen hatte, verwünscht, als wilder Bär zu leben, bis ich durch seinen Tod erlöst würde. Jetzt hat er seine wohlverdiente Strafe erhalten."

Schneeweißchen ward mit dem Königssohn vermählt und Rosenrot mit seinem Bruder und sie teilten die Schätze miteinander, die der Zwerg in seiner Höhle gesammelt hatte. Die alte Mutter lebte noch lange Jahre glücklich bei ihren Kindern. Die zwei Rosenbäumchen aber nahm sie mit. Sie standen vor ihrem Fenster und trugen jedes Jahr die schönsten Rosen, weiß und rot.